Publications des « TEMPS NOUVEAUX » — N° 52

LE PARLEMENTARISME CONTRE L'ACTION OUVRIÈRE

Prix : 0 fr. 10

Groupe de Propagande par la Brochure

La propagande par la Brochure est une des meilleures propagandes si on peut la faire avec suite.

Le Révolté, La Révolte, Les Temps Nouveaux s'y sont employés de leur mieux. A l'heure actuelle, plus de 60 brochures diverses, dont les différents tirages réunis, dépassent un million d'exemplaires, ont été lancées par eux.

Malheureusement, les fonds manquent pour pouvoir en imprimer plus souvent de nouvelles, ou réimprimer, lorsque c'est nécessaire, celles qui sont épuisées.

Il s'agit donc de trouver **500** souscripteurs s'engageant à verser chacun **12 fr.** par an. Nous serions alors en mesure d'imprimer chaque mois — ou de réimprimer parmi celles épuisées — une nouvelle brochure de **0 fr. 10** ou deux de **0 fr. 05.**

Par contre, voici les avantages que nous offrons aux souscripteurs :

1° A chaque tirage, il leur sera expédié autant d'exemplaires que le comportera le montant de leur souscription calculé avec une remise de 40 0/0, frais d'envoi déduits.

Ce qui leur permettra de s'employer à la propagande, en faisant circuler les brochures parmi ceux qu'ils connaissent, soit en les distribuant eux-mêmes, soit par la poste lorsqu'ils ne voudront pas faire savoir qu'ils s'intéressent à la propagande;

2° A chaque souscripteur qui sera libéré de sa souscription, il sera envoyé une lithographie spécialement tirée pour les souscripteurs.

Cette lithographie qui sera demandée à l'un des artistes qui ont déjà donné au journal, ne sera pas mise en vente et vaudra à elle seule, largement, le prix de souscription ;

3° A ceux qui souscriront **15** francs par an, il sera expédié un nombre de brochures dont le montant égalera celui de la souscription, calculé, toujours avec une remise de 40 0/0, plus une eau-forte qui, elle aussi, sera tirée spécialement pour eux, et non mise dans le commerce.

Ceux qui savent le prix d'une eau-forte artistique apprécieront le cadeau que nous leur offrons ;

4° A ceux qui souscriront au-dessus de **15** francs, il sera fait cadeau de la lithographie et de l'eau-forte.

Au camarade qui nous trouvera **10** souscripteurs, il sera fait cadeau de la lithographie. — Celui qui en trouvera **20**, recevra l'eau-forte.

Les souscriptions peuvent être versées par fractions mensuelles ou trimestrielles, etc., au gré des souscripteurs.

A ceux qui s'engageront mensuellement et qui ne se libéreraient pas de leur promesse, il sera, à la fin du trimestre, adressé un remboursement pour les 3 mois.

Adresser les souscriptions au camarade Ch. BENOIT,
3, rue Bérite, PARIS.

N.-B. — En discutant avec des camarades, il est facile de leur glisser une brochure, et de leur arracher deux sous. Les souscripteurs pourront ainsi récupérer le montant de leur souscription, et augmenter leur propagande.

Brochures à l'étude : *Les dessous de la campagne du Maroc* de Merrheim. — *Les trois complices (Prêtre, Juge, Soldat)* de R. Chaughi. — *Origines et morale du Christianisme* de Letourneau. — *L'Evangile de l'heure* de D. Berthelot. — *Les Conditions de travail dans la Société actuelle* de Simplice. — *L'Anarchie et l'Eglise* de Reclus (revue). — *La Loi et l'Autorité* de Kropotkine.

Publications des « *TEMPS NOUVEAUX* » — N° 52

Le Parlementarisme
contre l'Action Ouvrière

André GIRARD et M. PIERROT

Prix : 0 fr. 10

1er Tirage, 10,000 Exemplaires

PARIS
TEMPS NOUVEAUX
4, Rue Broca, 4

1912

Le Parlementarisme contre l'Action Ouvrière

I

CAMARADES,

Pendant assez longtemps, lorsque j'entendais autour de moi des camarades attaquer les socialistes en général et plus spécialement les socialistes parlementaires et faire d'eux l'objet de leurs sarcasmes, je ne pouvais m'empêcher d'être choqué. Ces attaques me paraissaient être de parti-pris et injustes. J'estimais, en effet, que nous devions conserver une attitude plutôt sympathique sinon amicale à l'égard de militants luttant pour une conception voisine, ayant avec la nôtre des points communs.

L'expérience s'est chargée de faire successivement tomber mes illusions, et, notamment en ce qui concerne les socialistes parlementaires, je dois déclarer qu'aujourd'hui je suis totalement désillusionné.

Je n'entreprendrai pas d'énumérer tous les faits, toutes les malveillances, toutes les vilenies dirigées par les socialistes en question contre nos amis ou même contre d'autres révolutionnaires.

Combien de fois ont-ils usé à notre égard ou à l'égard de nos camarades des procédés les plus étroits, les plus mesquins, sinon les plus bas et les plus vils!

Est-il nécessaire de rappeler notamment l'affaire Girier-Lorion, de ce malheureux accusé d'être un agent provocateur par les guesdites du Nord — la bande précisément dont fait partie Ghesquière — et les suites terribles qu'entraîna cette calomnie : l'envoi au bagne de Girier, qui y mourut après un supplice de plusieurs mois?

Faut-il citer aussi l'attitude du Bureau International à l'égard des insurgés de Barcelone en 1910, quand, sur l'avis de Pablo Iglesias, ce Bureau tenta de mettre obstacle aux secours organisés partout en faveur de ces révoltés?

Ne les trouve-t-on pas là toujours pour réprouver publiquement et inopportunément tout acte de révolte ou d'héroïque dévouement accompli par l'un des nôtres?

Et les compromissions vraiment répugnantes auxquelles ils s'abaissent en temps d'élections en vue non-pas de « faire » des socialistes, mais uniquement d'acquérir des voix? Et leurs attitudes contradictoires au Parlement suivant que le ministère est ou non de leur goût?

Et enfin leur mauvaise volonté, due uniquement à un mesquin esprit de boutique, à s'associer ou à aider aux campagnes entreprises par nous contre telle ou telle iniquité gouvernementale?

Comme couronnement, nous avons les paroles graves prononcées à la Chambre par d'eux d'entre eux, les députés Ghesquière et Compère-Morel,

paroles de reniement 'des principes socialistes et
que pas une seule interruption des socialistes pré-
sents ne releva !

Voilà pourtant où mène l'action politique. Par
l'emploi continuel de tactiques momentanées, par le
recours fréquent à de petits moyens plus ou moins
loyaux, plus ou moins honnêtes, on arrive, de concession en concession, de compromission en compromission à un oubli complet des principes fondamentaux de la doctrine dont on se revendique.

Je n'exágère pas. Les discours prononcés à la
Chambre par les députés Ghesquière et Compère-
Morel sont *une répudiation formelle de deux des
principes fondamentaux et essentiels du socialisme :*
la lutte des classes et la suppression de l'exploitation
du travail par le capital.

A l'appui de ce que j'affirme, je citerai les deux
phrases suivantes par eux prononcées. Et qu'on ne
se retranche pas, pour leur défense, derrière l'objec-
tion de l'altération du sens de fragments cités isolé-
ment. Ces phrases sont par elles-mêmes assez pré-
cises, assez formelles pour qu'on ne puisse prétendre
qu'elles ont besoin pour être comprises dans leur
sens exact d'être encadrées du texte qui les accom-
pagne.

Compère-Morel a dit notamment (1) : « Le syn-
dicalisme ne tend qu'à augmenter les salaires, à

---

(1) Les citations qui figurent ici sont empruntées au compte
rendu analytique de la séance de la Chambre, compte rendu bien plus
fidèle que celui du *Journal Officiel,* toujours retouché par les orateurs
eux-mêmes avant d'être imprimé.

diminuer la durée de la journée de travail, à assurer le respect des lois ouvrières ; il faut que le gouvernement sente un tel état d'esprit dans les Syndicats afin qu'il puisse discuter avec eux non en adversaire *mais en allié*. »

Eh bien, je demande ce que devient le principe de la lutte des classes, de tout temps proclamé par les socialistes depuis plus de soixante ans et formulé par Karl Marx, dont précisément se revendiquent les guesdistes en général et Ghesquière et Compère-Morel en particulier?

Oui, que devient ce principe, avec cette « alliance », cette collaboration entre l'organisation syndicale, *organisme ouvrier*, et le gouvernement, *organisme bourgeois?*

Quant à Ghesquière, c'est mieux. Il a déclaré, en parlant de la C. G. T.: « s'adressant à la raison elle devrait faire l'éducation des masses. En organisant des caisses de solidarité, elle permettra au prolétariat de recruter les forces nécessaires à son organisation sur le terrain *mutualiste* ». *(Applaudissements à l'extrême-gauche.)*

Donc, voici nos parlementaires qui préconisent la Mutualité !

Or, quoi de plus opposé au socialisme que la Mutualité? Elle tend à constituer une catégorie de privilégiés qui, par le moyen de certaines combinaisons financières, retirent des avantages spéciaux d'une surélévation de l'intérêt de l'argent. Or, l'intérêt moyen de l'argent étant déjà un prélèvement opéré sur le travail par le rentier, par le capitaliste, n'est-il pas *absolument contraire* aux principes essentiels du socialisme, de préconiser un système qui, par une surélévation de cet intérêt, opère en fait une exploitation plus lourde encore du travail par le capital.

Il n'est pas de doctrine plus formellement opposée à la doctrine socialiste, qui poursuit l'abolition de l'exploitation du travail par le capital, que la doctrine mutualiste qui, au contraire, se base sur une aggravation de cette exploitation.

Voilà, je le répète, où conduit l'action politique : De transaction en transaction, de compromission en compromission — par le besoin aussi de donner des gages à un gouvernement des faveurs de qui on a souvent besoin pour satisfaire ses électeurs et assurer sa réélection — elle mène insensiblement à un oubli total des principes.

Voilà pourquoi nous sommes antiparlementaires. Voilà pourquoi nous ne nous lassons pas de conseiller aux travailleurs de se désintéresser de l'action politique. Parce que l'action politique, en raison de ses tactiques quotidiennes et des déviations fréquentes qu'elle impose en vue d'avantages momentanés et immédiats, est un sacrifice continuel des principes qui conduit à leur reniement et, disons le mot, à la trahison.

On nous prêche le désarmement des haines ! Comment pourrions-nous ne pas manifester notre hostilité en présence de pareilles palinodies ?

Et puis, vraiment, de tels exemples deviennent réellement fréquents.

Quand nous voyons la conduite louche et la

corruption de tant de parlementaires, quand nous voyons par exemple un Willm se faire l'homme d'affaires de sociétés de brigandage colonial et parader à des revues navales ; quand nous voyons un Brousse faire le courtisan empressé auprès d'un roi d'Espagne, alors qu'il fut jadis condamné à mort en Espagne même pour complicité dans un complot régicide ! quand nous voyons un Turot se faire le rabatteur d'émigrants au Brésil, au profit de sociétés capitalistes en quête de main-d'œuvre, et tout cela sans encourir ni l'exclusion ni même le blâme du Parti ; quand nous voyons enfin un parti socialiste voter à plusieurs reprises le maintien des lois scélérates pour ne pas faire tomber un ministère cher à son cœur, comment pourrions-nous avoir autre chose que de la haine pour ces traîtres et de l'aversion pour le système qui les engendre ?

Non ! nous ne pouvons désarmer nos haines ! Nos haines, ne sont pas des haines dérivant d'un esprit de boutique ou de chapelle. Elles ne sont que l'envers de l'amour et du respect que nous portons à nos convictions, et elles ne sauraient s'éteindre qu'avec cet amour et ce respect, c'est-à-dire avec notre vie elle-même.

André GIRARD.

II

Les déclarations de Ghesquière et de Compère-Morel à la tribune de la Chambre peuvent étonner et indigner les socialistes révolutionnaires et un certain nombre de syndicalistes. Elles ne sauraient guère émouvoir les anarchistes.

Ceux-ci apprécient les parlementaires à leur juste valeur. Ils n'attendent pas des députés la transformation sociale, ou même une action véritablement utile.

Cependant personne n'aurait pensé que des députés socialistes se livrassent, dans un Parlement, à des attaques aussi partiales et aussi haineuses contre la C. G. T. et contre les grèves.

On peut expliquer d'une certaine façon les attaques contre la C. G. T. Aux yeux de Ghesquière et de Compère-Morel, l'organisation syndicale, qui entend se suffire à elle-même et se passer des députés, fait à l'organisation politique socialiste une « concurrence déloyale ». Ghesquière et Compère-Morel cherchent à ruiner cette concurrence.

Cette querelle de boutique ne nous intéresse pas particulièrement, car elle peut se ramener à la rancune des députés socialistes contre une organisation rivale. Elle est, en tout cas, curieuse, et elle sert à caractériser la mentalité des parlementaires.

Ce qui nous intéresse davantage, c'est l'opinion des deux députés sur *les grèves*.

Disons d'abord que leur opinion était autrefois celle des socialistes orthodoxes, celle de tous les socialistes, et même celle des militants ouvriers.

Les socialistes condamnaient, et la plupart d'entre eux, condamnent encore les grèves partielles comme un effort inutile, presque fatalement exposé à un échec.

C'est, dans l'esprit de la doctrine, un effort inutile, même si la grève est victorieuse. Au bout d'un certain temps, par suite de l'élévation du prix des marchandises, de l'augmentation des loyers, de la cherté plus grande de la vie, on se retrouve Grosjean comme devant.

Les grèves partielles sont incapables de changer la société. La conquête des pouvoirs publics doit libérer le prolétariat. Telle est encore l'opinion des socialistes parlementaires.

Les militants ouvriers eux-mêmes, il n'y a pas bien longtemps, répugnaient aux grèves partielles. Au Congrès des Syndicats, tenu à Paris en 1900, les délégués révolutionnaires, je dis les révolutionnaires, regardaient les grèves partielles comme un pis aller, comme un mal inévitable, mais regrettable.

Il est vrai qu'à ce moment on ne songeait qu'à

préparer la *grève générale*. La grève générale devait assurer le succès de la révolution libératrice, tandis que les grèves partielles étaient incapables de changer la société.

Il faut ajouter qu'avant 1900, les ouvriers *avaient encore peu de confiance en eux-mêmes*. Les syndicats étaient peu nombreux. La propagande n'avait pas habitué les travailleurs à l'audace. Les ouvriers ne se mettaient en grève qu'à la dernière limite et la mort dans l'âme, ce qui n'était pas le meilleur moyen de vaincre.

Seuls, *les anarchistes*, n'avaient pas de répugnance pour la grève. Seuls, ils considéraient la grève, même partielle, non comme un mal, mais comme un moyen d'action utile.

C'est qu'ils regardaient les grèves comme des *révoltes*, comme des germes pour les révoltes futures. L'action était, pour eux, la meilleure école de la révolte.

Un rapport sur la grève générale, préparé en vue du Congrès anarchiste de 1900, insistait sur l'utilité des grèves partielles. Je rappelle que le Congrès des Syndicats, tenu en 1900, désapprouvait ces grèves partielles.

Mais depuis 1900, l'extension des Syndicats, le développement énorme des organisations ouvrières, lié, il est vrai, à une période de prospérité économique, a modifié sur les grèves partielles l'opinion des militants syndicalistes.

On a reconnu que les grèves étaient nécessaires pour le maintien d'un certain taux de salaires, en rapport avec le coût de la vie — nécessaires pour la défense contre l'autorité du patron — nécessaires pour sauvegarder certains avantages, certaines libertés si relatifs que fussent ces avantages et ces libertés.

S'il n'y avait jamais eu de grèves, jamais les conditions de travail n'auraient été modifiées.

Les patrons auraient très bien compris que la journée restât aussi longue qu'autrefois, alors que le machinisme n'existait pas encore.

Pour adapter le travail aux nouvelles conditions de la production, pour proportionner le temps de travail à l'usure des forces qu'entraînent la rapidité et l'intensité de la production mécanique, les ouvriers ont été obligés de recourir à des grèves répétées.

Jamais la philanthropie tant vantée des patrons n'a réalisé d'elle-même ces petites améliorations. Jamais les capitalistes n'ont reconnu de leur plein gré les changements nécessités par un travail plus intense et plus dur.

Comme le disent les anarchistes, *on n'obtient que ce qu'on prend*.

La *mendicité* n'a jamais rien obtenu, pas plus auprès des patrons qu'auprès des Pouvoirs publics. La mendicité politique, c'est-à-dire le vote, n'a rien produit ; et les électeurs sont encore moins favorisés que les mendiants professionnels.

On n'acquiert des libertés qu'en les exerçant ouvertement. On n'obtient rien qu'en usant de ce que l'on appelle *l'action directe*. On comprend que ce point de vue ne plaît pas aux députés.

Les grèves partielles ont encore une autre utilité' une autre vertu.

Elles font apparaître à tous les yeux l'antagonisme entre les ouvriers et les patrons.

Ainsi elles détruisent le mensonge démocratique, elles ruinent les illusions de paix sociale, elles démasquent l'hypocrisie des chrétiens sociaux et de la philanthropie bourgeoise ou religieuse.

Elles soulignent l'injustice et la partialité des lois et montrent 'a solidarité entre les Pouvoirs publics et les capitalistes contre les pauvres gens.

Il n'y a pas de meilleure leçon de choses.

Enfin, les grèves font une excellente éducation morale.

D'avoir osé regarder un moment leurs maîtres en face, d'avoir osé se révolter, les ouvriers perdent le respect et la résignation.

Quand une fois des individus se sont sentis des hommes, ils ne pourront jamais plus redevenir complètement esclaves.

Voilà pourquoi, nous anarchistes, sommes partisans des grèves, même partielles. L'œuvre d'éducation s'y fait directement chez les individus. La propagande est rapide et intense en période de révolte. Tout le monde alors s'intéresse aux idées ; tout le monde veut connaître les aspirations et les espérances d'une délivrance complète.

Tout un travail de fermentation se fait et s'étend grâce à la multiplicité des grèves. Le développement des revendications, la conscience des aspirations se manifestent par le bouillonnement des révoltes, de plus en plus fréquentes.

Quelle différence entre le travail anonyme et spontané de fermentation populaire et la fonction parlementaire ! Cette dernière consiste essentiellement à imaginer de « bonnes lois » pour assurer l'ordre. L'œuvre législative est une œuvre de conservation sociale, puisque toute réforme ne peut se faire que dans le plan de la société capitaliste.

Or la grève, c'est le désordre, c'est la ruine des bonnes intentions qui mûrissent dans le cerveau de nos députés. C'est l'abomination de la désolation.

Mais il n'y a pas que les députés à détester les grèves. Lorsque les organisations syndiquées sont *centralisées*, lorsqu'elles forment un corps majestueux, pourvu d'une administration gouvernementale, comme en Angleterre, en Allemagne, aux États-Unis, on voit les chefs de l'organisation s'opposer aux grèves.

Un Gouvernement est toujours contre le désordre. La grève, poussée des besoins et des sentiments de la masse, risque de compromettre l'organisation syndicale, de vider les caisses de réserves, de ruiner le bel ordre mécanique qui fait l'orgueil et la situation des chefs syndicaux.

Ces chefs cherchent à étouffer les grèves ; mais il arrive que celles-ci éclatent malgré eux, et c'est alors une atteinte à leur autorité. Les dernières grandes grèves d'Angleterre ont tourné les ouvriers contre leurs meneurs.

Ainsi les grèves s'opposent à la centralisation syndicale, elles empêchent la formation d'un gouvernement corporatif. Elles sont la négation de l'obéissance et la sauvegarde de la révolte.

M. Pierrot.

1741. — Imp. La Productrice (Ass. ouv.), 51, rue Saint-Sauveur. Téléphone 121-78. 

COLLECTION DE LITHOGRAPHIES

Capitalisme, par Commin'Ache. — **Education chrétienne,** par Roubille. — **La Débâcle,** dessin de Vallotton, g.avé par Berger. — **Le dernier gîte du trimardeur,** par Daumont. — L'Assassiné, par C. L. — **Souteneurs sociaux,** par Delanoy. — Les **Défricheurs,** par Agard. — **Les Bienheureux,** par Heidbrinck. — **La Jeune Proie,** par Lochard. — **Le Missionnaire,** par Willaume. — **Frontispice,** par Roubille. — L'Homme mourant, par L. Pissaro. — Sa Majesté la Famine, par Luce. — **La Vérité au Conseil de Guerre,** par Luce. — Provocation, par Lebasque. — **Ceux qui mangent le pain noir,** par Lebasque. — L'édition ordinaire, **2 francs.**

Il ne reste plus qu'en nombre restreint: L'Incendiaire, par Luce. — Porteuses de bois, par C. Pissaro — **L'Errant,** par X. — **Le Démolisseur,** par Signac. — **L'Aurore,** par Willaume. — **Les Sans-Gîte,** par C. Pissaro. — **On ne marche pas sur l'herbe,** par Hermann-Paul. — **Mineurs belges,** par Constantin Meunier. — Ah! les sales Corbeaux, par J. Hénault. — **La Guerre,** par Maurin. — **Epouvantails,** par Chevalier. — **La Libératrice,** par Steinlein. — L'édition ordinaire, **3 francs.** Pour les éditions d'amateurs, s'informer au préalable, quelques-unes sont épuisées.

Aux petits oiseaux, par Willette, **10 francs.**

Reproduction des **Errants,** de Rysselberghe, édition ordinaire, **1 fr. 25;** sur japon, **3 fr. 50.**

Contre Biribi, album de 9 dessins de : Delannoy, Grandjouan, Luce, Maurin, Raïter, Rodo, Signac et Steinlen.

Une Rue de Paris en Mai 71, par Luce, tirée en souscription à 75 exemplaires, dont 15 sur Japon ; 7 francs ordinaire ; 10 francs sur japon.

Miséreux, par Naudin, même tirage, même prix.

Il ne reste plus qu'un nombre très limité de collections complètes. Elles sont vendues **75 francs** l'édition ordinaire, **150 francs** celle d'amateur.

LITHOGRAPHIES EN COULEURS

Les **Temps Nouveaux,** Willaume, épuisé, une dizaine d'exemplaires à 5 francs ; La Charrue, Pissaro, édition ordinaire, **2 francs ;** d'amateur, **3 fr. 50; Drapeau rouge,** Luce, édition ordinaire, **2 francs ;** d'amateur, **3 fr. 50 ; La Mère,** Lebasque, édition ordinaire, **2 francs ;** d'amateur, **3 fr. 50. — La Confession,** Hermann Paul, édition ordinaire, **2 francs ;** d'amateur, **3 fr. 50.** — Ces lithos ont été tirées pour servir de frontispices aux volumes de notre supplément, mais peuvent s'encadrer, 37-28.

Repaire de **Malfaiteurs,** par Willaume, tirage ordinaire, **2 francs ;** tirage d'amateur, **5 francs.** Il en reste très peu des deux.

Album, contenant les 52 dessins parus dans la 11ᵉ année des *Temps Nouveaux,* dus au crayon de AGARD, BRADBERRY, COUTURIER, W. CRANE, DELANNOY, DELAW, GRESSER, GRANDJOUAN, HÉNAULT, HERMANN-PAUL, P. IRIBE, JOSSOT, KUPKA, LEBASQUE, LUCE, B. NAUDIN, ROBIN, ROUBILLE, RYSSELBERHE, STEINLEIN, VAN DONGEN et WILLAUME.

Prix: 5 francs; Franco: 6 francs.

www.ingramcontent.com/pod-product-compliance
Lightning Source LLC
LaVergne TN
LVHW010820180726
843502LV00009B/3454